AF395233

ALLIANCE FRANÇAISE

ASSOCIATION NATIONALE

POUR LA PROPAGATION DE LA LANGUE FRANÇAISE DANS LES COLONIES ET A L'ÉTRANGER

CONFÉRENCE

faite à Bordeaux le lundi 1er décembre 1884, à l'École Professionnelle.

PAR

M. P. FONCIN

Inspecteur général de l'Instruction publique,
Secrétaire général de l'Alliance française.

BORDEAUX

IMPRIMERIE G. GOUNOUILHOU
11 — RUE GUIRAUDE — 11.

1885

ALLIANCE FRANÇAISE

ASSOCIATION NATIONALE

POUR LA PROPAGATION DE LA LANGUE FRANÇAISE DANS LES COLONIES
ET A L'ÉTRANGER

CONFÉRENCE

faite à Bordeaux le lundi 1er décembre 1881, à l'École Professionnelle.

Par M. P. FONCIN

Inspecteur général de l'Instruction publique,
Secrétaire général de l'Alliance française.

MESDAMES, MESSIEURS, MES CHERS COLLÈGUES,

Après les paroles aimables de notre cher président, je vous demande pardon de vous parler encore de moi. Mais en me retrouvant, après cinq longues années, dans cette salle Saint-Sernin, en face de cet auditoire, je ne saurais maîtriser une émotion profonde; je ressens une joie véritable, mêlée d'ailleurs de quelque mélancolie. Une foule de souvenirs m'assiègent. Comment ne point me rappeler ce Lycée, cette Faculté aujourd'hui transformés et rajeunis, où j'ai conservé non seulement des collègues, mais des amis fidèles; ces cours de jeunes personnes qui m'ont procuré peut-être les meilleures satisfactions de ma carrière de professeur; enfin cette Société de Géographie que j'avais laissée petite fille et que je retrouve grande et forte, déjà prête même à réclamer les droits de sa majorité. Quelqu'un a dit, mes chers Concitoyens, que tout homme dans le monde a deux patries, la sienne et la France. Eh bien! lorsqu'on a vécu à Bordeaux, lorsqu'on a subi le charme de votre grande et belle cité, il semble que parmi toutes ces patries locales qu'embrasse et qu'enveloppe la vaste patrie française, on ait comme deux patries aussi, la sienne et la vôtre, et celle-ci n'occupe pas toujours dans le cœur la moindre place.

(C.)

J'ai à vous parler ce soir de l'Alliance française, association nationale pour la propagation de la langue française dans les colonies et à l'étranger. Son seul nom l'explique et la résume, indique quel est son programme et son but.

Notre association n'a qu'un an d'existence ; elle est née à Paris, rue Saint-Simon, au cercle Saint-Simon, siège de la Société historique. Là se réunirent un petit nombre de personnes : M. Cambon, ministre plénipotentiaire, résident de France à Tunis ; M. Machuel, directeur de l'enseignement public en Tunisie ; M. Jusserand, chef de bureau au ministère des affaires étrangères ; M. Alfred Mayrargues, un israélite ; M. Paul Melon, un protestant ; le P. Charmetant, missionnaire apostolique ; M. Paul Bert, quelques autres encore et votre serviteur. C'est là qu'est née l'idée de l'Alliance française. Il a fallu d'abord faire connaître l'œuvre, rédiger des statuts et des programmes, créer des succursales, rencontrer des hommes dévoués pour former des comités : après douze mois d'efforts nous sommes parvenus à réunir près de six mille adhérents qui ont été recrutés, tant en France que dans les colonies et à l'étranger. Nous dirons tout à l'heure quel est le caractère de notre œuvre, mais auparavant je voudrais vous tracer en quelque sorte la géographie de la langue française et vous indiquer en même temps ce que nous avons pu faire pour seconder la propagation de notre idiome.

Sans sortir de France, j'aperçois quelques taches noires : vers le Nord on parle le flamand ; en Bretagne, le bas-breton ; vers les frontières d'Espagne, le basque et le catalan ; dans tout le Midi, divers patois dérivés de l'ancienne langue d'Oc. Mais l'Alliance française n'a pas à exercer son action dans les limites de notre territoire ; avec les progrès de l'instruction primaire les taches noires s'effaceront peu à peu, et on peut prévoir le moment où la langue française sera comprise et parlée par tous les Français ; laissons donc le sol de la France et passons au reste de l'Europe.

En *Angleterre*, la langue française a des sympathies solides ; le nombre des Français qui résident en Angleterre est considérable. A Manchester, quatre cents de nos compatriotes songent à créer une Chambre de commerce ; à Londres, il

existe une Société nationale française qui a fondé un hôpital
français, et une Société nationale des professeurs de français.
Nous nous sommes mis en relation avec ces deux sociétés et
au mois d'août dernier a été institué, sous la présidence de
M. Cassal, ancien représentant du peuple, un Comité régional
de l'Alliance française à Londres ayant déjà des ramifications
à Glasgow, à Édimbourg, à Manchester et à Liverpool. Il est
même question de créer à Londres un lycée français. Une
section de l'Alliance, composée d'hommes compétents, en
relations avec l'Angleterre, s'occupe de toutes les questions
concernant l'enseignement du français dans les Iles Britanniques.

En *Belgique*, il est inutile de dire que la langue française
est officiellement parlée, et j'ajoute qu'elle y fait des progrès.
Presque tous les procès sont plaidés en français, alors même
qu'il s'agit d'intérêts flamands.

Je regrette d'avoir à constater qu'en *Suisse* la langue française recule. En 1870 la proportion était de 69 0/0 en faveur
de la langue allemande, pour 23,6 0/0 en faveur de la nôtre.
Aujourd'hui on constate 71,4 0/0 pour la langue allemande
et 21,4 0/0 seulement pour la langue française. Cependant
des efforts sont tentés pour réagir contre cette situation défa-
vorable et on a vu récemment des Alsaciens se réunir à Bâle
pour fonder dans cette ville une École française. Nous
comptons à Zurich et à Lausanne de précieuses adhésions.

En *Italie*, il y a sur le revers des Alpes un certain nombre
de petits cantons où l'on parle français, mais peu à peu notre
langue disparaît des vallées alpestres, sous l'influence de
l'action gouvernementale. Il existe à Turin un groupe de
1,400 Français; 650 Français habitent Milan. Des adhésions
nous sont venues de Florence et même de Sicile. Nous avons
des amis à l'École française de Rome et nous nous intéressons
au collège français de cette ville.

En *Allemagne* même, il existe une institution singulière
qui pourrait être imitée au grand avantage de notre langue,
dans les autres pays civilisés. C'est le cercle français ou
« Réunion française » de Dresde, fondé en 1872, toléré par
l'autorité allemande. Il est fréquenté par des Saxons, des

Américains, des Anglais, des Russes, etc. Là, dames et hommes se réunissent un soir par semaine pour entendre des lectures, des conférences, pour assister à des séances musicales, à des représentations théâtrales, et il est défendu d'y parler une autre langue que le français. On donne chaque année un bal et une fête champêtre.

Une institution analogue, d'un caractère plus international, existe en *Danemark*, à Copenhague où les sympathies françaises sont encore très vivaces, et où se perpétue une petite église protestante française.

Les réfugiés chassés par la révocation de l'Édit de Nantes sont plus nombreux en *Hollande*. M. Cotteau, un des délégués de l'Alliance, un voyageur aimé et connu à Bordeaux, raconte dans un de ses voyages autour du monde qu'il s'est trouvé à bord d'un vaisseau de guerre danois et dans une autre traversée en compagnie de Hollandais, et chaque fois traité comme un compatriote. « Pour nous autres Français, dit-il, les Hollandais à vrai dire ne sont pas des étrangers; tous parlent notre langue; ils ont les mêmes goûts, les mêmes habitudes que nous, la même tournure d'esprit. » Ce qui est certain tout au moins, c'est que le français est parlé dans beaucoup de petits villages perdus de la Hollande, et qu'il est encore la langue liturgique de l'église wallonne. L'Alliance a accordé des prix à une école dirigée par un pasteur wallon de Rotterdam.

En *Russie*, non seulement la langue française est celle du monde comme il faut, mais rien qu'à Moscou on trouve une association de 2,500 Français constitués depuis 1882 en société de secours mutuels. A Pétersbourg, à Odessa, des colonies françaises existent également. Nous avons même reçu des adhésions isolées de Kazan et de Tiflis.

Dans les pays *slaves*, malgré les progrès du germanisme, se sont maintenues de profondes sympathies pour la langue française. De l'Université de Prague, l'Alliance recevait dernièrement une demande de livres français qu'elle s'est empressée d'accueillir. Des envois de livres, déjà pratiqués spontanément et depuis longtemps par notre ami et collègue M. Louis Leger, sont un excellent mode de propagation de notre langue et qui ne saurait éveiller les susceptibilités des gouvernements étrangers. L'Alliance compte déjà un certain nombre d'adhérents en Autriche-Hongrie, en Roumanie, en Bulgarie et dans la Roumélie orientale.

En *Espagne,* notre action est plus avancée que partout ailleurs. Ce pays est en quelque sorte une annexe intellectuelle de la France. La plupart des livres de sciences, de droit, de philosophie, sont français; tous les grands travaux publics, de chemins de fer et autres, sont dirigés par des ingénieurs qui sont en grande partie français; et on parle français dans de nombreuses colonies de nos nationaux. A Barcelone habitent 30,000 de nos compatriotes, qui ne sont pas tous, il est vrai, inscrits sur les registres du consulat. Nous avons reçu de la Catalogne des renseignements très curieux. Le castillan y est dédaigné; les catalans instruits ne parlent guère que le français ou le catalan. Ils ont fait leurs études au collège de Perpignan, au Lycée de Toulouse, à l'institution de Sorèze. Malheureusement cet usage s'est perdu et, pour le rétablir, notre correspondant propose de faire du lycée de Perpignan un lycée international.

Il y a à Barcelone 20 établissements congréganistes français peuplés de 200 religieux ou religieuses; mais très peu d'entre eux enseignent le français. Grâce à M. Autigeon, l'Alliance française possède à Barcelone plus de 200 adhérents et un comité régional présidé par M. Raynal, ancien représentant du peuple. Plusieurs écoles laïques françaises, fondées en 1880 et dirigées par M. Guizy, réunissent près de deux cents élèves des deux sexes. Elles ont été réorganisées par notre consul M. Gaëtan Partiot.

D'Almeria, lieu de passage pour les émigrants qui se rendent en Algérie, on nous demande les moyens de fonder une petite bibliothèque propre à les éclairer sur les ressources de notre France africaine.

A Madrid, une Société française de bienfaisance organisée en 1849 par M. Ferdinand de Lesseps, reconstituée vingt ans après, a fondé une petite école française dont le protecteur, notre délégué, M. Alfred Weill nous a demandé des livres que nous nous sommes empressés d'envoyer. Saint-Sébastien,

Bilbao, Rosas et aussi Lisbonne et Coïmbre ont fourni leur contingent d'adhésions à l'Alliance.

Mais j'ai hâte de quitter l'Europe et d'aborder la *Côte africaine* où nous rencontrons d'abord notre belle possession de l'Algérie et son voisin le Maroc.

Sur toute la côte de la Méditerranée, nous sommes secondés par l'Alliance israélite universelle qui a été fondée par l'illustre et regretté Adolphe Crémieux, pour secourir les populations israélites et les améliorer par l'instruction. Il y a au Maroc plusieurs écoles fondées par cette Société, notamment à Tanger et à Tétuan. L'Alliance israélite nous a offert ses services et nous aide puissamment à soutenir la cause française. Un journal français, *le Réveil du Maroc*, nous est tout dévoué. Nous avons recueilli à Tanger et à Tétuan un certain nombre d'adhérents. A Mogador la colonie tout entière s'est fait inscrire.

Quant à l'*Algérie*, nous la considérons comme une autre France, nous n'avons donc pas à nous en occuper. Je dirai seulement que nous y avons des délégués qui récoltent des fonds et nous les envoient. Quant à l'instruction des indigènes, longtemps négligée, elle paraît être aujourd'hui en progrès sérieux, grâce aux efforts du gouverneur général, de l'administration académique et de l'administration militaire. Nous n'avons point à intervenir, sauf pour envoyer des livres à ceux qui nous en demanderont, comme l'a fait récemment le commandant de Gardaïa dans le M'Zab.

En *Tunisie*, c'est autre chose. Bien que soumise à notre protectorat, la Tunisie a conservé son bey et son gouvernement. Là nous exerçons une action directe. Parmi nos comités de l'étranger, celui de la Tunisie est l'un des plus importants. Grâce à M. Cambon, notre ministre résident, président du Comité, et à M. Machuel, directeur de l'enseignement public, vice-président, 221 adhésions ont été recueillies et les trois quarts des souscriptions ont été versées par les indigènes. Le bey a fait un cadeau de 500 francs.

Le collège Alaoui, qui est une sorte d'école normale, a été ouvert au mois d'octobre dernier. M. Machuel a également fondé une école primaire laïque musulmane annexée au collége Sadiki, et il se prépare à en fonder d'autres. Cette œuvre qu'on pourrait appeler universitaire, à laquelle contribue l'Alliance, avait déjà été précédée d'une autre œuvre, non moins importante, celle du cardinal de Lavigerie, qui avait fondé auparavant des écoles congréganistes françaises sur tout le littoral. Elle avait été devancée également par l'œuvre de l'Alliance israélite universelle, qui a des écoles à Tunis et dans plusieurs autres villes de la Régence. En résumé, on peut dire que nulle part l'esprit qui anime l'Alliance n'a été mieux compris, ni mieux suivi. Écoles catholiques et israélites, laïques et musulmanes, toutes travaillent de concert au même but, la propagation de la langue française, et déjà elles sont fréquentées par plus de 4,000 élèves des deux sexes.

En *Tripolitaine* il n'y a pas grand'chose à faire pour le moment. Quant à l'*Égypte,* nous la laisserons de côté pour en parler tout à l'heure avec le Levant.

En *Éthiopie,* il n'y a rien encore; mais nous avons reçu par le voyageur M. Soleillet, devenu notre délégué, des nouvelles intéressantes du royaume de Choa. Le roi Ménélick serait très favorable à la langue française. M. Soleillet est parvenu à lui faire comprendre que la langue française est la langue diplomatique des pays civilisés, et que s'il ne l'employait pas dans sa correspondance avec les États européens, on le prendrait pour un barbare.

M. Soleillet affirme qu'un jeune homme qui voudrait faire sa carrière dans l'enseignement de la langue française au Choa, serait admirablement accueilli par le roi Ménélick. Celui-ci lui ferait cadeau d'un fief et lui donnerait pour élèves ses 4 ou 500 pages. Mais il faudrait que le jeune professeur fût un savant sérieux ou désireux de le devenir, et sût se plier à la politesse raffinée d'une cour qui a beaucoup de rapports avec celle de l'antique Byzance.

En continuant à nous diriger vers le Sud, nous arrivons aux îles de l'Océan Indien.

Dans les *Seychelles,* aujourd'hui soumises à la domination britannique, la population est issue de colons français alliés à des esclaves de la côte orientale; cette population très mêlée parle un patois créole analogue à celui de Bourbon et de Maurice. Les habitants de nos petites colonies de Nossibé et Mayotte nous ont envoyé presque en masse leur adhésion.

A la *Réunion,* les autorités ont donné l'exemple. Mais il est touchant de constater que de toutes ces iles celle qui a le plus fait pour nous, c'est celle qui a perdu la nationalité française. C'est l'ile Maurice. Là, à Port-Louis, sous la présidence d'honneur du consul de France, M. Albert Drouin, le docteur Clarenc a formé un comité qui a recueilli plus de 150 adhérents, négociants, avocats, ingénieurs, médecins, planteurs, sans compter les dames qui ont tenu à honneur de souscrire avec leurs maris. Le comité s'est d'abord demandé s'il devait nous envoyer l'argent qu'il avait recueilli, mais il a hésité en songeant à Madagascar et sa décision définitive n'est pas encore connue.

Dans l'*Afrique australe,* où les descendants des protestants français chassés par la révocation de l'Édit de Nantes ont perdu l'usage de notre langue, nous n'avons pas encore d'adhérents; cependant le Transvaal parait disposé à nous demander un maitre de français et il serait question de fonder une école de français à Prétoria.

En faisant le tour de l'Afrique nous trouverions bien encore, ne fùt-ce que sur les bords du Gabon, de l'Ogôoué et du Congo, quelques points où l'on parle français; mais c'est au Sénégal que le mouvement d'expansion de notre langue est le plus accentué. Un ancien vice-président de la Société de Géographie commerciale de Bordeaux, M. Hübler, aujourd'hui chef du service des Postes et des Télégraphes et délégué de l'Alliance à Saint-Louis, est le principal auteur de ce mouvement. M. le gouverneur Seignac y a puissamment contribué aussi en prenant l'Alliance sous sa haute protection, en la recommandant à ses officiers et à ses chefs de poste. En même temps, un comité se réunissait à Saint-Louis sous la présidence de M. Delor, un Sénégalais de Bordeaux, et décidait qu'on emploierait comme instructeurs toutes les personnes de bonne volonté. Le professeur laïque de langue arabe littéraire et un maitre congréganiste de l'ordre de Ploërmel ont immédiatement offert leurs services. On a improvisé des écoles tont le long du fleuve, en les confiant aux agents télégraphistes ou à

des sous-officiers. On est allé jusqu'au Niger. Il y a une petite
école à Bamakou, où tout récemment a flotté pour la première
fois le drapeau tricolore. A Kita, on a fabriqué de l'encre
avec de l'aniline et de l'eau de lessive; on s'est servi de crayons
de charpentier et de papier gommé qui pût resservir après
effaçage. Ailleurs on a fabriqué des tables et des bancs avec
les planches des caisses à biscuits. Mais on aura désormais un
matériel scolaire convenable. Dans tous ces pays soumis au
prestige de la France on trouve peu de résistance. C'est près
de Saint-Louis seulement que des difficultés ont été rencon-
trées. Il y existe un faubourg, celui de Guet N'Dar où les
noirs, tous pêcheurs et sans grands rapports avec le reste de
la population, ne veulent pas apprendre la langue française;
ils refusent même le local nécessaire pour y établir une école
française. Mais le comité espère vaincre cette résistance. Avant
la fondation de l'Alliance, il y avait déjà à Saint-Louis trois
écoles et deux cours d'adultes suivis par un millier d'élèves
environ. C'est là le point de départ. Nous constaterons l'an
prochain les progrès accomplis. Tel est, très sommairement,
l'état de l'enseignement de la langue française en Afrique.

Dans le *Levant* notre mission est bien plus délicate, et l'on
ne peut en parler qu'avec beaucoup de circonspection. Le
Levant, c'est l'Égypte, c'est la Syrie, Constantinople; vous
savez combien de compétitions viennent s'y rencontrer. Les
missionnaires anglais et américains cherchent à nous sup-
planter dans le Liban, cette vieille forteresse de l'influence
française. Leurs collèges, leurs écoles sont groupés sur deux
points d'attaque principaux, d'une part aux environs d'Antio-
che dans la direction d'Alep et de l'Euphrate dont la vallée
mène dans l'Inde, et d'autre part sur la route de Beyrouth à
Damas, grande artère de la Syrie. Chypre peut être considéré
comme une base d'opérations dans ce plan de campagne d'un
caractère tout commercial. A côté de l'influence protestante
anglo-américaine s'exercent l'influence autrichienne, c'est-à-
dire allemande, et l'influence italienne. La France a du moins
pour elle les Maronites qui parlent surtout le français, grâce
aux efforts séculaires de nos missionnaires de tout ordre.
Cette situation prépondérante qui n'avait guère été attaquée

jusqu'ici, voici que l'on cherche à l'entamer. L'Alliance française s'est préoccupée de cette situation.

Dans l'Asie mineure la langue française a de nombreux clients parmi les Levantins de la côte, les Turcs et les Arméniens. Vous pouvez lire dans un des derniers volumes d'Élisée Reclus une page très frappante sur Smyrne. Il débarquait à Smyrne et il a été surpris, émerveillé, d'y entendre tout le monde parler français. Le patois qu'on appelait la langue franque a disparu. Ce sont des ingénieurs français qui ont creusé le port et construit les quais de Smyrne. En Grèce, nous avons de vieilles sympathies. A Constantinople, la colonie française est nombreuse, active, influente, toute dévouée au programme de l'Alliance et elle a constitué un comité. De là notre langue rayonne en quelque sorte en Thrace, en Macédoine, sur la côte asiatique de la mer Noire et par Trébizonde elle pénètre en Arménie. Nous nous efforçons de seconder ce mouvement.

A Mossoul et à Bagdad, dans l'ancienne Mésopotamie, des dominicains ont ouvert des écoles d'où sortent la plupart des jeunes gens qui sont employés dans les comptoirs. Là, comme dans tout le Levant, l'Alliance française a été devancée : elle est secondée, non seulement par l'Alliance israélite universelle, mais aussi par une grande et puissante association dont le directeur, le P. Charmetant, est l'un de nos adhérents de la première heure. Je veux parler de l'Œuvre catholique des écoles d'Orient.

Nous arrivons à la Perse, et aux Persans, ces Français de l'Asie, comme on l'a dit quelquefois : là il se poursuit, dans des sectes mal connues, tout un travail de pensée très intéressant. Le Chah de Perse Nassr-ed-Dine sait le français et 2,000 personnes environ le parlent à Téhéran. Le docteur Tholozan, qui jouit de la confiance du prince, contribue à maintenir en honneur la langue française dans ce pays. Nous ajouterons qu'à Ispahan un jeune Français a essayé d'ouvrir une école, mais nous n'avons pas encore de renseignements sur le résultat obtenu.

Les Arméniens et les Persans se sont aperçus qu'entre eux les officiers russes parlaient volontiers français et la constatation de ce fait a contribué à leur donner une haute idée de notre langue. Il ne faudrait pas croire cependant que la langue française est partout en progrès dans le Levant; le pays où elle est le plus menacée, c'est l'Égypte, par suite de complications politiques qu'il est inutile de rappeler. Là, malgré le souvenir des Croisades, de Bonaparte, malgré le prestige attaché à l'œuvre de M. de Lesseps, malgré l'importance des colonies françaises d'Alexandrie, du Caire, de Port-Saïd, notre langue recule. Aussi l'Alliance française ne perd-elle point l'Égypte de vue. Elle y compte des adeptes fervents. Elle s'y organise.

Dans cette revue trop rapide des provinces de la langue française à l'étranger, nous avançons et cependant il nous resterait encore beaucoup à dire.

Passons, sans nous y arrêter, sur l'*Extrême-Orient*, où se déroulent en ce moment de grands événements, où trop de changements se préparent peut-être pour qu'il soit possible de rien préciser de certain et de durable. Je dirai seulement que nous avons reçu des adhésions de l'Inde, de la Cochinchine, de la Chine, du Japon.

A Pondichéry, le nouveau gouverneur va fonder une école normale. Dans le Japon, il existe depuis cinq ou six ans une « Société de langue!française », si bien que les Japonais ont été en quelque sorte les précurseurs de l'Alliance française. La langue française était naguère en faveur officielle au Japon et un grand nombre de jeunes Japonais vinrent faire leurs études en France. La mode ayant tourné, c'est l'allemand qu'aujourd'hui honore et encourage le gouvernement. Mais les jeunes Japonais, nos anciens élèves, ne l'entendent point ainsi, et c'est à eux qu'on doit la fondation d'une association pour le maintien et l'extension de la langue française. Ils ont créé également une école française dont les professeurs sont des Japonais ayant appris le français en France, ou à l'école du ministère japonais des affaires étrangères, à Tokio.

Quant à l'*Océanie*, la France y occupe, vous le savez, une place minuscule, et dans les quelques îles qu'elle y possède, elle n'a même pas toujours su imposer sa langue. Beaucoup des indigènes de Taïti parlent l'anglais; dans les iles de là Loyauté qui ont été en grande partie évangélisées par des protestants anglais, bien qu'elles soient sous notre domination, c'est la langue anglaise que l'on parle habituellement, et ceci n'est pas moins vrai de beaucoup de Canaques de Calédonie. Cependant cette situation tend à changer. Le gouverneur de la Nouvelle-Calédonie a multiplié dans ces derniers temps les écoles. Des missionnaires protestants français commencent à remplacer leurs confrères britanniques aux iles de la Loyauté. L'Alliance française a pu donner à l'un d'eux, ainsi qu'à un pasteur de Taïti, une modeste subvention.

En *Australie*, les Français sont peu nombreux ou perdent vite leur nationalité. Toutefois le français, comme l'allemand, est enseigné à côté de la langue nationale dans tous les collèges de garçons et de filles. Il en est de même à la *Nouvelle-Zélande*. Nous sommes là en pays civilisés où l'Alliance française n'aura jamais qu'à encourager (si même on a besoin de ses encouragements) l'étude de notre langue, où son action par conséquent est moins urgente.

En *Amérique*, la situation est toute différente, parce que nos compatriotes y forment sur beaucoup de points des colonies et de petits corps de nation. Dans la République Argentine il y a plus de 70,000 Français; il y en a 14,000 sur l'autre rive de la Plata, dans l'Uruguay. Habitués à agir par eux-mêmes, à l'américaine, ils n'ont pas attendu les exhortations de l'Alliance française. De même qu'ils ont fondé une Chambre de commerce française, des cercles français, des journaux français, ils veulent créer à eux tout seuls un lycée français, à Montevideo.

Au *Chili* qu'habitent près de 4,000 Français, la création d'une grande école française sous le patronage de notre ministre M. Pascal Duprat, a été également projetée, à Valparaiso. Au *Pérou*, malheureusement ravagé par la dernière guerre, on compte près de 3,000 de nos compatriotes.

A la *Guyane*, l'Alliance a recueilli plusieurs adhésions.

Dans les républiques de l'Amérique centrale, les adhésions à l'Alliance ne font pas défaut non plus. Au *Mexique*, nous avons un délégué, M. Martin, d'une influence considérable et

qui a fondé à Mexico, parmi les habitants français, un comité
très important.

Dans plusieurs des *Antilles anglaises* qui sont habitées par
des créoles de race française, comme chez les nègres d'*Haïti*,
on parle un français plus ou moins pur, mais c'est du français.
Au cœur de cette Méditerranée américaine dont l'issue vers
le Pacifique sera prochainement ouverte au commerce, à la
langue et aux idées de la France, par l'un de nos présidents
d'honneur M. Ferdinand de Lesseps, la *Guadeloupe* et la
Martinique occupent une situation privilégiée. De là, comme
d'un réduit central, l'enseignement du français pourra rayon-
ner dans toutes les directions sur les rives intérieures du
Nouveau Monde.

Au bord de cette Méditerranée, la Louisiane a conservé,
dit-on, près de 300,000 habitants de race française. Malheureusement, après la guerre de Sécession, les vainqueurs s'effor-
cèrent de faire disparaître des écoles primaires, qui sont
gratuites, l'usage de la langue française. Mais, depuis, il s'est
formé à la Nouvelle-Orléans une société qui, sous le nom
d'« Union française » et sous l'impulsion de M. Tujague, a
fondé une petite école française qui peut compter d'avance sur
nos sympathies et nos encouragements. Il existe à New-York
aussi une colonie française importante. Quelques-uns d'entre
eux y ont fondé un cercle, qui, en souvenir de Molière, a pris
le titre étrange de cercle « des Précieuses ridicules ». De
l'autre côte du Continent, à San Francisco, la « Ligue nationale
française » a fondé une bibliothèque française possédant déjà
plus de 12,000 volumes.

Mais c'est au *Canada* que se trouve le groupe le plus
compact de nationalité française. S'il faut en croire un de
nos correspondants, deux millions de Canadiens ont conservé
l'usage de la langue française. Le jour de la fête du Canada, ils
ont fait une grande manifestation française où l'on a arboré
le drapeau tricolore. Dans les parlements et les tribunaux
de plusieurs provinces, dans beaucoup de cercles, d'écoles,
de collèges, d'universités, on parle, on enseigne le français.

Je crois avoir achevé à peu près avec vous ce tour rapide
du globe qui vous a permis de juger à la fois de l'étendue de

la tâche que s'est assignée l'Alliance française et des actes
que dans l'espace d'une année elle a déjà pu accomplir. Avant
de finir, car l'heure me presse, je voudrais préciser devant
vous le caractère de notre œuvre. Et d'abord c'est une association privée, parce que, bien qu'elle vive en parfaite intel-
ligence avec les ministères de l'Instruction publique et des
Affaires étrangères, et d'une manière générale avec le
gouvernement, elle conserve entièrement son indépendance.
Étant privée, elle peut accomplir ce que l'État ne pourrait
pas toujours entreprendre sans porter ombrage aux autres
États. J'ajouterai qu'en restant une association privée,
l'Alliance donne un bon exemple, un exemple d'heureuse
initiative, dans ce pays où l'on ne sait pas assez marcher hors
des lisières du pouvoir.

Notre association s'inspire en même temps d'un rare esprit
de tolérance politique et religieuse. Écoutez plutôt les noms
de ceux que nous avons pour parrains, pour guides et pour
chefs. Nous avons perdu notre regretté président M. Tissot,
ambassadeur, membre de l'Académie des Inscriptions et
Belles-Lettres. A la présidence d'honneur nous avons appelé
MM. Carnot, sénateur; le général Faidherbe, grand chancelier
de la Légion d'honneur; le vice-amiral Jurien de la Gravière;
Son Ém. le cardinal Lavigerie et M. Ferdinand de Lesseps.
Nos membres d'honneur sont MM. Billot, Charton, Dietz-
Monnin, de Freycinet, de Gabriac, Gréard, Adrien Hébrard,
Jourde, Laurent Pichat, Levasseur, Lockroy, Maspéro, Désiré
Nisard, Gaston Pâris, Pasteur, de Pressensé, Renan, Ribot,
Léon Say, Jules Simon, Spuller, Taine et de Vogué. Notre
bureau se compose de MM. Paul Bert, Cambon, Duruy,
de Parieu, Mayrargues, Melon, Bernard, de Resbecq, Izoulet,
Jusserand, Reinach, Rey et du P. Charmetant, missionnaire
apostolique. Quel est celui d'entre vous qui ne trouverait
parmi tous ces noms un nom qui représente ses idées et ses
aspirations? C'est qu'en effet l'Alliance française veut rester
étrangère à tout esprit de secte et de parti, qu'elle est exclusi-
vement française et que son but unique est de travailler à la
propagation de notre langue dans le monde.

En entrant dans l'Alliance, personne de nous ne répudie

ses convictions personnelles, mais nous laissons de côté ce qui nous diviserait pour ne nous attacher qu'à ce qui nous unit, l'amour de la patrie. Dans nos comités se trouvent des hommes qui se connaissaient et ne se saluaient pas, vivant côte à côte; ils s'apercevront qu'appartenant à des partis opposés, ils n'en sont pas moins de très honnêtes gens, très patriotes les uns comme les autres.

Or, Messieurs, le patriotisme ne fut jamais plus nécessaire que de nos jours. Et permettez-moi d'insister ici en quelques mots. Ce qui a fait surtout la grandeur de la France au xviiᵉ siècle, c'est sa force numérique. Nous étions 25 millions de Français contre 8, 10, 12 millions d'Anglais, d'Espagnols, d'Allemands. Voyez aujourd'hui combien les chiffres sont renversés! Autrefois la France était la première puissance du monde, et aujourd'hui d'autres nations se sont formées aussi grandes, aussi fortes ou plus fortes qu'elle. Il est temps qu'elle se défende. Il vaudrait mieux assurément que le nombre des Français s'accrût et qu'une forte émigration, créant des vides dans notre population en suscitât l'augmentation, mais un tel résultat ne peut se produire qu'à la longue, et en attendant enseigner le français, c'est encore faire des Français Or, n'en déplaise à quelques économistes, ce n'est pas le capital qui constitue la première richesse, c'est l'homme. Essayons donc d'apprendre notre langue aux indigènes de nos colonies, et prolongeons au dehors la patrie française par des annexions qui ne coûtent aucune goutte de sang.

Enfin l'Alliance française n'est pas seulement soucieuse de la grandeur politique de la France, elle veut aussi son extension commerciale. La richesse de Marseille tient en grande partie à ses relations avec l'Algérie, une des provinces de la langue française. Ce qui a fait le commerce de Bordeaux avec la Plata, c'est que là on parle français et que partout où l'on parle français on achète des produits français.

Autrefois la France ne partageait guère qu'avec les Anglais le privilège de fournir le monde de produits manufacturés. Mais voici que les industries allemande, autrichienne, italienne, russe, se sont développées et que peu à peu menacent de se fermer par la concurrence étrangère des marchés dont nous nous croyions les maîtres. Un des moyens de conjurer cette crise qui menace à la fois l'industrie et le commerce français, c'est de propager la langue française; car, je le répète, partout où on parlera le français on achètera des produits français. Tout mot français qui résonne dans le monde équivaut à l'achat d'un produit français.

Telle est, Messieurs, l'œuvre de l'Alliance française. Tel est le caractère de son œuvre. Trop heureux si j'ai pu vous en faire comprendre l'utilité, la nécessité patriotique, je n'ajouterai que quelques mots, pour clore cette trop longue exposition.

L'Alliance a fondé à Bordeaux un comité qui est brillamment représenté autour de moi. Laissez-moi espérer que vous apporterez votre concours à ce comité. Des listes d'inscription ont été préparées par ses soins et tout à l'heure, à l'issue de cette conférence, vous pourrez vous inscrire, si je vous ai convaincus. Nous nous adressons à tous, depuis ceux qui peuvent en leur qualité de membres fondateurs nous donner leur billet de cinq cents francs jusqu'à ceux qui nous apportent leur modeste pièce de six francs pour favoriser la grandeur de la France. Je fais appel à tous ceux (et c'est, je crois, tout l'auditoire), qui ont conservé ces idées patriotiques qui nous animent; je compte sur mes anciens élèves, sur mes amis, sur la presse. Je compte aussi sur vous, Mesdames, car rien de bon et de durable ne peut se faire sans vous. On a représenté la France sous les traits d'une femme. Tel est aussi l'emblème de l'Alliance française (¹). Comme vous, elle n'a d'autres armes que la persuasion. Elle prêche l'association de tous les cœurs pour une noble cause. Il n'est pas de cause qui d'avance ne soit gagnée, quand une fois elle a été adoptée par les femmes de France.

(¹) L'alliance a pris pour emblème la Minerve qui figure en tête des publications de l'Institut.